Dedos de Arena

Dedos de Arena

Fran Lázaro Cruz

Círculo Rojo
EDITORIAL

Primera edición: Febrero 2024

ISBN: 978-84-1061-468-0

Impresión y encuadernación: Editorial Círculo Rojo

© Del texto: Fran Lázaro Cruz
© Maquetación y diseño: Equipo de Editorial Círculo Rojo
Editorial Círculo Rojo

www.editorialcirculorojo.com
info@editorialcirculorojo.com

Impreso en España — Printed in Spain

El papel utilizado para imprimir este libro es 100% libre de cloro y por tanto, **ecológico**.

A los verdaderos protagonistas,
cuyas historias me llevaron a estos versos

Reloj de arena

El reloj de arena sigue
su curso libre e impasible,
se estanca en las horas tristes
en las que nadie te asiste.

Y en las horas tan felices,
en tan silencio te dice
que vivas pasarán pronto
al recordar del otro.

Del color del atardecer
brilla, sigue y resplandece
mellado en su imperfecta base;
cada hora cambia de fase.

Escondido en su vitrina,
a mi ojo infante fascina
rodeado de sus trofeos,
mas en verdad son sus reos.

Fotos, *souvenirs* y copas
son sus alineadas tropas,
viven en baldas de nogal
despojado de su zorzal.

Llama al corazón sensible,
a la voz de lo imposible
para que aquel que resiste
sepa que el reloj existe.

Que le espera como a todos
un destino de todos modos
ineludible, frío e invisible;
el final, el olvido.

Ojos oscuros

Aquellos ojos oscuros
que me estudian por momentos
y devoran por dentro
entre monzones seguros.

De una mirada tibia
y una sonrisa radiante,
sincera, elegante,
tan bella como sabia.

Si supieras que haces volar
estos míos, no es bastante
brillante a la luz solar,
brillante, tan brillante.

Si supieras lo que escribo,
con la sangre como tinta
y la piel como papel
y el amor como corcel.

Y yo las maldigo a todas
las vivas primaveras,
todas las rojas sangres
y todas las flores bellas.

Maldigo al más majestuoso,
fulgurante, ambarino;
al amanecer ladino
que recuerda poderoso.

A la endiablada dulzura
de tu tímida carcajada,
y la mía, triste, ajada,
que, como un eco, perdura.

Maldigo este mundo injusto,
pues lanza unos locos dados
con los que jugar no puedo
en este terreno adusto.

Aquellos ojos oscuros
me distraen de mi antojo
y mi pensar siempre cojo
ante un insalvable muro.

Aunque vengan tiempos duros
y las nubes amenacen
con sueños que renacen
aquellos ojos oscuros.

Pensamientos míos

Pensamientos míos, no me abandonéis.
Es como un grito de vida superlativo,
como una declaración justa y propia,
una llamada, una limpia lágrima.

No la entendía en mi tierna juventud,
pensaba: «Los pensamientos no andan,
no corren, huyen, no son libres ni mandan,
son reflejos líquidos de la actitud».

Mas cuando crecí y sentí el abandono,
cuando sentí y vi con mis propios ojos
a aquellos ahora perdidos, rabiosos;
a aquellos otrora llenos y tan vivos.

Palidecí, enmudecí, lloré en mi interior,
entendí que el tiempo se agota,
que la vida siempre se hace corta,
que se puede perder sin apostar.

Que los pensamientos te pueden abandonar.

Guardiana

Un fulgor esmeralda,
un aliento, un grito,
un silencio, un mito
y una ausencia tan larga.

Se agita mi interior todo,
miro a través de las canas
pese a mis esperanzas vanas,
luchemos codo con codo.

Desafiaremos al mundo,
al tiempo, a la pereza
y a la perenne tristeza
por un momento profundo,

por una sonrisa plena,
por un solo recuerdo,
que aferro, abrazo y muerdo
como si escapar quisiera.

Y aunque cueste lo que cueste,
se mantendrá a la vera
como una guardiana fiera
del loco corazón este.

Valiente y beligerante
en la abisal noche eterna,
tan astuta como tierna
en las memorias de un antes.

De unas sufridas manos
que nunca dejaron de obrar,
de una pequeña libertad,
de unos tiempos malsanos.

Vientos estivales

Pasó ya la primavera
y sus ojos no despiertan,
no responden a caricias
ni miran con malicia.

Pasó ya la primavera
y sus labios ya no besan,
pálidos no conversan
ni se alimentan, si los dejas.

Llegó el frío invierno
con melancólico sustento
de lo que una vez fuimos,
de lo que vimos, del contento.

Llegó el frío invierno
y cortó la libertad,
impidió el movimiento,
y volvió el infierno.

Añorando otros vientos,
a veces sonríe y llora,
y nunca la dejaré sola
pensando en otros tiempos.

Y cuando llegue el verano,
juntos paseamos por prados
y hasta juntos nos quemamos
como mejores hermanos.

Y cuando llegue el verano
y sople el viento estival
y su reír sensacional
me deje por fin más sano.

Mi bella ciudad

Qué bella ciudad la mía, en primavera
caen como copos nevados,
dientes de león, flores blancas;
el cerezo está en su esplendor.

Y cuando la brisa acaricia con suavidad,
el tiempo no es oro, es mucho más;
efímero es este respiro que me das,
pues, cuando asome el verano, ni respirar.

El otoño acecha en cada esquina
y cubre de amaneceres el suelo,
y yo lo prefiero, ese huracán por viento,
esa fina línea entre frío y fresco.

Las grandes luces duermen a altas horas,
no se oye el rugir de los coches.
El olor a madrugada impregna el ambiente
y la luna se refleja silenciosa en el Guadiana.

Es imposible no quedarse con su imagen clavada;
los parques y recovecos son testigos ocultos,
pues mis pasos siempre acaban entre ellos
y son incontables, y no puedo detenerlos.

Me saludan con cierta paz, cierto verdor.
Entre muros, alcazaba de fina piedra
me estremece cada vez que pienso
en la sangre derramada, los sueños que eran.

Llega el olor a café desde las plazas,
no puedo sino detenerme a saborearlo
con un regusto portugués que implora
que desde siempre somos como hermanos.

Y avanza solemne, a veces olvidada,
mi querida, que esconde tímida la lluvia.
«Y no hace falta —le digo—, puedes llorar tranquila,
pues tanto consuelo te debo y tanto sincero».

Parece que te olvidas de lo mucho que te quiero
y no te hacen falta recuerdos, acciones o gestos.
Tu amor es puro y completo, lleno de tiempo,
y nunca me olvidaré de mi bella ciudad y su cielo.

Dedos de arena

Sí, quise tocar un sueño
con los dedos; con los dedos
oler del cielo su sabor,
su textura, su calor.

Beber del mismo océano
con mis manos; con mis manos
atrapar ciertas figuras
imposibles y maduras.

Y saborear caminos
con todo mi ser, solo mi ser,
sinuosos, tenebrosos,
castos, tristes y verdosos.

Y no cejar en mi empeño
con estos dedos, mis dedos,
que son como arena fina
y no sujetan, no atinan.

Mi mente, de claros canos,
con mis manos, con mis manos
la sujetan, la duermen
y, sobre todo, la temen.

Y parecen finos linos
con solo mi ser, todo mi ser,
cada hebra, cada momento,
cada sombra, cada aliento.

Que se rompe mi estructura
cuando veo la estatura
de los grandes soñadores
sin vender todos sus valores.

Los persiguen cual depredador
tan corriendo deslenguado,
puedes llenarte de su candor,
dedos de arena plegados.

Qué soy

Soy el viento en la noche
en busca de libertad,
la roja luz del semáforo
que pide que te detengas a pensar.

Soy una flor en el campo
silenciosa y resiliente,
una nube pasajera
cargada de lágrimas por la humanidad.

Soy una calle olvidada
en recuerdos de la infancia,
un perro fiel
incapaz de abandonar a su dueño.

Soy un granito de arena
en mitad de un desierto de ideas,
un mástil agrietado de una guitarra
que todavía entona sus cuerdas.

Soy una chimenea de ladrillos naranjas
en la que solo quedan cenizas,
las aspas de un ventilador
repetitivas, cíclicas y a destiempo.

Soy unas zapatillas de deporte
rojizas y caminantes,
y un cable estropeado
al que le cuesta llevar rayos.

Soy una antena parabólica
que busca desactualizada
conocimiento, experiencias
e incluso saber más de la vida.

Soy un dragón de ensueño
con las nubes en la cabeza,
una flexible espada
que apenas corta, solo cambia.

Soy un avión de papel
estancado en algún tejado,
un muñeco sin brazo
con una sonrisa eterna.

Alas negras

Sí, hay un cuervo en mis sueños
tan oscuro y tan siniestro,
tan tenebroso e incierto
que a veces me despierta.

Sí, hay un cuervo en mis sueños;
sus refulgentes alas
de negrura inmaculada
a la luz del día retan.

Son sus ojos azabaches
de brillo ambarino extraño
que te observan durante años
que duran solo una noche.

Son sus ojos, impasibles,
que te juzgan y te matan
mucho antes de que combatan
tu gallardía, tu candil.

Es un monstruo imposible,
temible, cadavérico,
con gesto de falso amigo,
en sus tribulaciones hábil.

Sí, hay un cuervo en mis sueños
y es cierto, no quiero verlo,
pues parece que con celo
es de mis pesadillas dueño.

Fuego

Hace tiempo, yo tenía fuego,
ese fuego en sus ojos,
ese tiempo, ese arrojo,
susurros al viento.

Mas sus llamas me llenan,
cenizas que se avivan,
alegría por la vida,
que falta hace en estos días.

Corazones descubiertos,
música de otro tiempo,
cambiantes y locos ritmos,
virtuosos hablando por turnos.

Una fiesta con motivo
pese a la decadencia,
a la guerra, la conciencia;
está el sentirse vivo.

Y la belleza, la bondad,
los que dan todo por los demás
merecen todos los honores
y celebraciones a su nombre.

Es un abrazo cálido,
una palmada, un «¡ánimo!»
sin palabras ni mentiras
y con amplitud de miras.

Yo quería como ellos ser,
insuflar colores sin temer,
vivir, morir aguerrido,
dejar de estar aturdido.

Así pues, por ellos brindo,
estos versos les dedico,
por si el día de mañana
no les abren las ventanas.

Os doy las gracias,
os devuelvo el guante,
me mantengo vigilante,
libre de tristes falacias.

Naranjo amigo

¿Cuánto tiempo ha pasado, mi amigo?
El viento separó el camino,
el tiempo diluyó el destino
y quién sabe si volveré a verte.

Aún recuerdo tu sombra
que tan amablemente dabas
entre dulce azahar y ramas,
mis manos entre tus hojas verdes.

Cobijo de nuevas aves
que descubrían un hogar
entre el verdor y la paz,
bendiciones para un verano.

Cuidador y cuidado,
pastor y pastoreado,
padre de un fruto divino
enorme, pero sabroso y fino.

¿Qué hará el tiempo con nosotros?
¿Seguirás firme, siendo dador
y a la vez receptor de vida?
¿Seguirás siendo mi amigo?

Aquel con el que comparto
sueños de tierna infancia
sufriendo la ignorancia,
pues eres mucho más que un árbol.

Aquel torcido tronco, cual torre
que se inclina divertido
para saludar a sus amigos,
aquel de hoja que no perece.

¿Qué será de ti, querido?
¿Seguirás enfermo y triste?
Sin mis manos cuidándote,
¿volverás tan colorido?

Son incontables las veces
que trepé por tus brazos;
me recibías con abrazos
soportando mis sandeces.

Mi viejo y querido amigo,
no me olvides tan pronto,
que nunca me halle en verte roto
y sean vivas las horas contigo.

Cómo puede ser

Que el mar siempre arrulla en mi contra
cuando me decido a perseguir estrellas;
estas se alejan en el cielo inalcanzables.

Siempre a contracorriente, mis manos no son suficiente.
Naufrago en mi isla, solo mía.
Tengo un mapa para volver siempre a ella, mi isla,
siempre que acabo varado, cuando intento escapar.

Cuando en el horizonte hay luces de otras vidas,
otras islas, quizá tan solitarias como la mía,
las observo en la segura distancia;
son luminosas y soleadas, con nubes siempre bajas.

Tengo tesoros que no puedo dejar atrás
y un pasado al que me cuesta mirar.
He sido condenado, he escapado y así me hallo,
siempre ante un cielo impasible.

Alzo mi puño, con furia me revelo,
pues, aunque acabe varado de nuevo,
aunque esas estrellas sean solo sueños,
¿qué queda en mi isla, si no me muevo?

Posible despedida

Una promesa incierta,
los años que nos quedan,
¿serán meses, días, horas que dan?
Por ello estoy tan alerta.

Tu pecho sube y baja,
tan sube y baja cual marea,
como mar de vivas ideas,
como certeza a la zaga.

Respira lenta y sonora
tu caja de resonancia,
me da, me anuncia
que aún no es tu hora.

Pasos negros, azabaches,
trastabillados y costosos,
resbaladizos y azarosos
a través de cientos de baches.

Tus ojos son hematitas
y una fina niebla cubre
blanquecina e insalubre
lo que fueron negras simas.

Que estas palabras sirvan
como tu vivo recuerdo
de este loco pensar sordo,
que nosotros somos tu clan.

Miedo al mar

Posan sus pies sobre la tierra
y camina miles de senderos,
guía a animales y viajeros,
a nadie su paso cierra.

Mira a la mar desde lejos
con miedo, con respeto;
para él, es un saber neto
a través de mil consejos.

Un monstruo de infinidad,
profundo e inabarcable
corta vidas cual sable
y aspecto de la ansiedad.

¿Qué tendrá para atraparnos?
Con solo oír su nombre,
oh, perdición de los hombres,
no podemos librarnos.

Insaciable es su triste hambre,
furia infesta del viento,
peligro es como lo siento,
que me sube cual calambre.

En sus sabias palabras,
descalabro de la verdad,
escuché hasta la saciedad
lo que inquieta al que labra.

«Mis pies en firme tierra,
conozco cientos senderos,
tengo un corazón viajero,
pero al frío mar se cierra».

A la aventura

Hay miles de pergaminos
a la vista de tu espalda,
hay caminos esquivos
que la vista no alcanza.

Hay cientos de historias
que esperan tu reclamo
y cicatrices y estrías
que poblarán tus manos.

Dotándolas de un saber
profundo y verdadero,
dotándote de un poder
coherente y sin peros.

A la aventura, hermano,
tu navío resistirá
sin importar el estado,
el silencio o el clima.

A la aventura, hermana,
y, aun con la oscuridad
y aun con la duda insana,
resistirás a la verdad.

Que el miedo a la tormenta
no te deja ver el sol
y el viento de barlovento
deja avanzar con tesón.

Deja el corazón tan libre
que sea una brújula
y te lleve a lo imposible
sin sufrir mal de alturas.

Tu elevado pensamiento
es un mapa de sueños,
de mundos que están yermos
sin ti, sin amor, sin dueño.

A la aventura, sin miedo,
sois el geranio rojo
y con esa voluntad de cielo
nunca os hallaréis solos.

Tiendo mi mano amiga
a aquel que tenga el aguante,
a aquel que aventura persiga,
a aquel que sueñe como antes.

Tu palacio

Atisbos en la noche sin nombre,
temores y sudores,
fríos y temblores,
furia agitada.

En la mente de un hombre
lo que fue se mezcla
con lo que nunca es
ni será.

Y en mis recuerdos
siempre será lo que es
y no su malsana afección
y mi coherente aflicción.

Siempre serás un rey
y tu castillo no es
blanco y silencioso
donde el dolor campa a sus anchas.

Tu palacio huele a azahar
y en primavera te reciben
dulces rosas, tristes melocotones,
y el gozoso limón espera al invierno.

Tu castillo huele a sudor
enterrado bajo largas horas al sol
y sus guardianes son amables
y gustosos de recibir visitas.

Es fruto de las más altas reuniones
y tus acompañantes son buenos,
tan selectos como eres tú,
aunque pocos alcanzan tu luz.

Tu palacio es acogedor
y poco ostentoso, y carga
con los recuerdos de toda
una vida, o varias.

Ya no es una sombra
de lo que era, el tiempo
sombrío y solitario
también lo consumirá por completo.

Solo quedaran los misteriosos recuerdos.

La hora de los concursos

La oscuridad puebla toda la habitación,
luz apagada, persianas bajadas,
una temperatura delicada,
tan solo encendida la televisión.

Allá fuera, jóvenes y no tanto
hacen sus vidas entre aguas y bebidas,
entre amigos y parejas de un día,
y prestan sirenos la voz a su canto.

Y yo, que me hallo escondido entre libros
buscando del arduo sol cualquier rayo,
del televisor me siento lacayo,
y de sus varios concursos, miembro.

Y no estoy solo en este acometido,
pues a mi izquierda, en frágil vigilia,
se halla una reina rubia, firme y tierna,
henchida de orgullo al escuchar mis respuestas.

Pero a su vez una melancolía
atraviesa la puerta de su pensar
al ver que es Soledad quien me apresa;
cada tarde, dolida, volvía.

Aquella reina, dorada corona,
sólida compañía de veras
para las innominables eras
que mi triste canción ya entona.

Desenlace anunciado, como en *teaser*
cual anuncio de final de concurso,
obvio como del río el curso,
lo que sus despistes llegarán a ser.

La hallarás ahora, mirar perdido,
corona ceniza, trono a ruedas.
¡Oh, corazón paterno, no cedas!
Pese a que parezca que no tiene sentido.

Oh, tenues palabras insonoras,
silenciosas y ocultas verdades
conducen el fatuo pensar al Hades
por cada concurso, por cada hora.

El lugar

Hay un lugar al que volver
cuando la sombra se alarga,
cuando la noche es eterna
y fría, e incierta.

Un paraje silencioso
de verde frescor y de agua,
de roca, de pino y de cura,
de pastos y gente sencilla.

Se aleja del camino,
se esconde, serpentea y juega,
que la luz que todo lo riega
le da un placer tan fino.

Para llegar a mi sitio,
hay una tremenda cuesta
que empedrada y dispuesta
hace salir del pueblo.

Y su senda diferente
depende tanto del tiempo,
de la luz, del frío, del viento;
los pasos son incoherentes.

Sin saber cómo llegar,
sabes dónde está tan solo;
te espera en medio de todo
este bendito lugar.

¿Lo vas a intentar encontrar?
No vayas, pues, con manos
vacías, que como estamos
lo puedes llegar a adorar.

Trae contigo tu mejor plan,
tu libro más querido,
tu más sentido amigo,
tu soledad, tu pensar.

Y yo te digo que este lugar
donde solo los pájaros
de la ciudad se han alejado
cantando te van a molestar.

El hombre que caminaba con el viento

El rey de todos los caminos,
su total bondad, sabios consejos,
vivos recuerdos.

El rey de todos los valles
anhela paz, respira naturaleza
y silencio.

De corte humilde y tranquilo,
sin peso en su corona,
amante y amado.

El miedo no atenazaba
su brillante alma, viva
y pulida.

No se detenía nunca
aun con rocas en su ruta
dormida.

Le acompaña siempre el viento,
por quien brinda su sustento
y su vino.

Se fue en tal silencio…
Dejó atrás su aliento
y viajó.

En mis recuerdos, los días felices;
en mi corazón, la congoja,
pues debe partir y descubrir
un mundo nuevo.

La flor del invierno

En una cúpula alejada de la merced del viento
se encontraba la flor que rescaté del invierno,
que poco a poco se marchitaba
sin que yo pudiera hacer nada.

No le faltaron cuidados, calor, tiempo, cariño;
ni tan siquiera mi propia sangre escatimó,
y cada día, feliz de por ella morir lentamente,
y cada día, sacrificaría mil futuros conscientes.

Mis dedos la acariciaban con compasión,
miraba sus níveos pétalos con cierta ilusión.
Era mía, mi dolor, mi pasión, mi optada condena,
mi frío, mi canción, mi líquido en las venas.

Mas como toda historia de desenlaces,
de profundas palabras veraces
en las que final es lo lógico; nada más,
pero nada menos; todo delante detrás.

Las flores se marchitan en invierno
como la luna canta al de amor enfermo,
como responde el ruiseñor al encarcelado
y como acepta su destino el desdichado.

Y siembra esperanza en la desesperanza
que, al final del día, mi flor acabará su danza
y no levantará su orgulloso tallo.
Se acaba su tiempo, no llegará a mayo.

Es fuego el desenlace, cambio, viento matinal.
Azota por siempre al frío invernal
y me ha enseñado mi trémula flor
que uno puede despertar del dolor.

No me arrepiento, pues, de cuidarla,
de otorgarle gran parte de mi alma,
del tiempo que juntos compartimos
y de insuflar vida a sus racimos.

Con mis manos procuré su bien,
su cúpula limpié más de veces cien,
cada día adorné sus cuidados
para la dulce flor de los quemados.

Y ahora, que no es más que un recuerdo
y sé que a nadie debo pedir perdón,
ahora que uno aprende a aceptar el duelo,
sonríe al fin de forma grata al cielo.

Índice